SONRISA DE OCTUBRE

SONRISA DE OCTUBRE

ALEXANDRO GONZÁLEZ

Twitter: @Jaxeg
Instagram: @Jaxeg

PREFACIO.

Algunas personas llegan a nuestra vida en el momento oportuno, con su calidez, su amor, su cariño, nos ofrecen algo, una pieza de su ser.

La tempestad llega de cuanto en cuanto y la forma de afrontarla es levantar la cara y sonreírle.

La sonrisa de una persona contagia vida.

Sonrisas que recuerdan poemas de Apollinaire o de Efrén Rebolledo.

Sonrisas que recuerdan las tardes en tierras serranas.

Sonrisas que al verlas combinan con los atardeceres y los días bellos.

Sonrisas que aunque las cosas vayan mal nunca se borran

Sonrisas que te hacen recorrer el universo con solo mirarlas; son como acariciar un aliento con el alma.

Sonrisas que ayudan a no rendirse; solamente
con cerrar los ojos, respirar y recordarlas.

Sonrisas que ningún poema podría
hacerles justicia. Son arte, deslumbran.

Pero no todo son sonrisas.

En este libro, se retratan diferentes escenarios,
mediante versos; las sonrisas que de pronto
llegan, las situaciones sociales y la amargura
que alimenta siempre al que escribe.

´´chaque fleur s'évapore ainsi qu'un encensoir´´

-Charles Baudelaire.

´´Heu miser! quia frequenter impeditus ero de-
inceps!´´

-Dante Alighieri.

TU SONRISA ES DE OCTUBRE.

Tu sonrisa es de octubre,
porque de octubre
es la luna más hermosa.

Tu sonrisa es de chocolate
porque el chocolate fascina,
conmueve y tranquiliza.

Tu sonrisa existe y vuela
con los pajaritos
portadores de ilusiones.

Las tempestades no entienden
de sonrisas y las arañas
no se conmueven con ellas.

Pero las tempestades
y las arañas se detienen
para embelesarse con la felicidad
que como campana dominguera
reparte por doquier la mueca
más bella que puede haber en un rostro.

Esa sonrisa tuya.

Los días se van sin ver sonrisas.
El tiempo existe o no existe
sin entender de sonrisas.

Pero los días y el tiempo
se congelan para confirmar
a la ciencia y al mundo
que existen cuando ven pasar
plácidamente a tu sonrisa.

Eres pues, portadora de un milagro.
Esa sonrisa tuya.

CUENCAS MUSGOSAS.

Es la luz lívida que dejas escapar.
Es la serenidad que golpea mis dedos.
Es la cadencia de tus cuencas musgosas.
Es la oquedad de los sueños atrapados.

Hay un templo de seda y una selva siniestra
que abundante de agua me espera.
Y los árboles que se enredan en tus laderas
se contonean con el soplo
que deja una furiosa tormenta.

Es ahí donde los pájaros trinan
y vuelan con desenfreno.
Se escapan los felinos rebosantes de miedo.
Se derrite el hielo que crece
en lo profundo de tus suelos.

La tempestad crece entre mis dedos,
crece entre espejos.

Hay un altar de madera,
un camino lleno de escaleras.
Las manzanas ruedan desde los estatuarios
cielos, magnánimos
y espesos se colorean de amargos desvelos.
Los musgosos caminos se pierden en ríos vívidos.

Se escapan los sueños,
pues las puertas se abren en la obscuridad
y la selva se calma en su inmensa oquedad.
Ahí las nubes lloran
cuando hay una verdadera zozobra.
Ahí las gotas son hijas del corazón
y nunca te abandonan.

Hay al centro un plano universo
que engalana cada hemisferio.
Existen ríos y sendas que llegan
a las estrellas y los planetas.

Son entonces esos templos y esas selvas
los dueños de otros desvelos,

muchos suspiros y anhelos.

APIS.

El día cae lúgubre, vacío,
las personas corren y gritan;
existen; pero no viven.

Las calles llenas me gritan.
Las aves se envuelven en llamas;
son destellos ácidos que cantan.

En los corredizos muros de la tarde,
me entretiene una pequeña abeja,
que a punto de perecer, vela mis sueños.

Un aliento nuestro llega al balcón.
La abeja y yo, un desdén al mundo,
La escapatoria al paraíso.

Una mirada interior, un regalo del escritor.
Un escudriño al latín;

me fascino con sus nervudas alas.

Una abeja que ya no es una abeja.
Un día que fundió la eternidad.

Yo que despierto entre llamas.

RECUERDOS DEL DESTINO.

Olvidemos lo que un día será un recuerdo,
para rescatar a los dinosaurios y demás adelantados.
Cerciórense de tener las valijas en hombros
cuando las ínfulas que trae el viento
no tengan razón de ser.

Destruyan los recuerdos,
presentes en imágenes oníricas
para los benévolos,
los del sable que magulla las escamas
de aquellos seres antropomorfos.

Que descienda Júpiter
entre áureas plumas
a desterrar las tropas del poder encarnado.

Las que se muestran beligerantes
con la sociedad mísera
valiéndose de vituperios y desdén.

Esos que de hipocresía
llenan las barcas en que se escabullen al Olimpo,
donde se camuflan y esparcen cenizas
de sangre y hambruna.

Porque todo es un recuerdo y nada sucede.
Porque el olvido está en vivir el mañana.

EMPEZAR.

Voy caminando entre las sábanas de la tierra,
conmigo deambulan los hijos de Esténtor.

Tiembla el agua
cuando ellos suspiran,
los animales se impacientan,
las colinas se escabullen
a la sima de los suelos.

Uno dos tres veces
se consumen los ríos
serpenteando en muros oblicuos
y carnosos por el musgo.

En sus manos nacen luciérnagas
que dejan destellos en los púlpitos
y las mejillas níveas del planeta.

Cada lanza que llega del firmamento
es una oportunidad.

VOS AMO.

Una pluma negra de cisne en mis venas,
un artefacto punzante en la habitación.
Sólo veo tu resplandor azul.

Me encuentra la sombra de Eros,
me acorrala la tempestad, agridulce sabor.

Un latido hiriente nace en la urna de lava.
Los pájaros urden con celeridad el plan
y el fuego brinca a los aros del alma.

Terror y sopor siento desde aquella traición.
Las aguas suben por un resquicio,
se evaporan y cantan los lirios.

MI TIERRA.

Se escucha en las copas de los árboles
o en los inmensos matorrales,
bajo las aguas ancestrales
o en los cielos magistrales.

Sonidos o silencios
que con estrépito o parsimonia
recogen besos y sueños.

¡Ay! mi tierra vieja,
llena de serpientes y
mala hierba.

Recojo un puño de piedras
y se convierte en hiedra.

Lloran las aves y
pelean los cielos rojos.

Los árboles se secan en tiempos de agua.

Lloran las nubes, que recogen
del suelo los vestigios inertes.
Frío y calor, nada se siente
cuando la sierra llora sin descansar.

NIEVE OPACA.

De tus fríos ojos corren ríos de lava.
Se apodera de tu sonrisa la noche;
entre bestias te engaña.

En tu cara se ve el reflejo triste del día.
Se marchita una espina y vuelan los colibríes.
Se llena el cielo de lobos alados y moribundos.

Entre olas de arena mis manos te sueltan
y el sol líquido golpea tus venas de seda.

Te veo cayendo entre ramas grisáceas.
Los pinos sin tregua ríen de tu desdicha; ríen
por tu eterna porfía, entre hojarasca y ceniza.

Vuelan tus manos como eternas mariposas.
Mis ojos se escapan, se enternece
mi alma, me alimenta la esperanza.

El aire que respiro no es el tuyo.

Noctámbula piedra que el sol calienta;

te veo eterna, mas no serena.

Delicada esfera de triste y opaca nieve.

Te extingues en el fondo de mi mente.

LENTA NOCHE.

Lenta noche, ávida de palabras
que marchan por un río de seda;
empapan mi corazón hierático.

Bajo una luna llena de grietas
se desmoronan mis versos.
Con parsimonia se esparcen
por el dulce sueño.

Oscuridad pulcra, contoneo del sueño
que tras el galope de mis sentimientos
se extingue en un tintineo.

Cruje la madera en la altitud
de las horas, y lenta lenta la noche
se encela del día que ya nos acecha.

CAUDAL DE PLATA.

Con estridencia llegó el agua,
golpeando muros y esparciendo cenizas.
Galopando por caminos de piedra,
sin ilusión, se fue, se fue.

Entre cansinas calles, abundantes de miedo,
iba el caudal llenando resquicios,
se ceñía a un maderamen. Sin esperanza,
todo caía al suelo húmedo y melancólico.

Las calles plateadas a la luz de la luna,
los gatos asustados, ocultos, me miraban,
y su desconsuelo no era más grande
que mi absurdo anhelo.

¡Oh! si algo fui, petulante se denomina,
pues dirigiendo ese caudal yo estaba,
dejando mi desazón y zozobra

en las calles que destruidas sollozaban.

Los cantos del agua al pasar
son mi único consuelo, son refugio y estrépito,
son mi último resguardo en este triste suelo.

NADA IMPORTA.

Puedo volar y cantar,
derramar lágrimas,
proferir risas a tu alma.
Pero nada importa.

Puedo apagar mis deseos,
frenar mis miedos y sentimientos;
me embeleso con tus miradas,
y adoro tus tiernas manos frías.

Pero nada importa, nada,
si lo pienso sólo me enveneno,
y nada pasa, servil te veo,
me muero, me estremezco.

Ando por ríos de indignidad,
soy vasallo de tus deseos,
pero tu me alejas y te quiero,

y nada importa, nada pasa.

Recorro cada día tu cara con la mirada,
veo siempre tu espalda,
me encierro en tus cabellos,
le canto a tu caminata.

HORAS, LAS CANSINAS HORAS.

Las horas se marchan;
cansinas, lentas, ácidas,
entre exangües suspiros.

Y si el día cae, en mí estarás.
Cuando la mañana llegue,
tu ausencia me pesará.

Las horas se van entre
sensaciones de vida y olvido,
de apabullante castigo.

De tus ojos mis días hago,
y en tu camino mi sonrisa marco,
tú eres las horas y eres mi zozobra.

Esos días y horas, se consumen,
son momentos sin tu historia,
un día menos a tu lado,
se me acaban las horas.

TRANQUILIDAD QUE ENMUDECE.

Lacónica caía la lluvia
sobre el magnánimo árbol, y se hundía
entre grietas de suspiros, tristezas;
llegaba como río al fondo.

Se mojaban las ramas;
Hilos de color pálido y áspero tacto.
Se rompía el silencio con el golpeteo de gotas
contra sus delgadas astillas y hojas.

Desde la ventana le sonreía,
y quería estar entre esas hojas, ser esas gotas,
resbalar plácidamente por el árbol,
sentir el golpe de la naturaleza.

Pero la tranquilidad me enmudece,

ya no me atormentas, ya no me aquejas,
y vivo de tardes lluviosas, del viento
húmedo y suave, de palabras y versos.

Todo mi amor está en tu silencio,
y te compadece pues a ti no te sanan
los versos, te hieres y te engañas,
no eres agua que cae por las ramas.

SOY LA VELA.

Una vela ardiente frente a mí,
de luz clara y serena, bailando;
vela que ora se acerca ora se aleja.

Escribo unos versos empapados de amor;
vibra en su incandescencia, pobre ella
que jamás amará, que jamás vivirá.

Me convierto en todo y soy la vela,
displicente alumbra mi amar servil y llora,
no se alegra, sólo escupe fuego, pobre vela,
y yo soy todo y también soy ella.

SÓLO UN SUEÑO.

En el desierto está su figura,
inerte, como esperando algo,
su espalda de fuego se llena,
y veo y no llego.

Se apaga ante mí; se vuelve,
todo es siniestro, me ven sueños
de otra mente, muero, vivo,
sólo soy su lazarillo.

Todo es opaco, incluso mi alma,
siento el crepitar de su hastío;
se vuelve, nuestra mirada se enciende,
ahora somos uno en el desierto.

Y todo es claridad, despierto,
te veo en mi regazo, qué linda,
sólo duermes, y yo, te veo

porque soy sólo un sueño.

MAÑANA.

Corro entre vientos pulcros,
bajo duraznos y naranjos
que crecen con displicencia.

Aves de plumaje azul vuelan,
en un cielo áspero y gris;
el día cae a los pies del camino.

Zopilote en la carretera,
vuelas al ver mi luz eterna,
nada me detiene, no hay tregua.

Se extingue el miedo,
y me abruma la serenidad,
nada me puede hacer llorar.

Y entre esos árboles, escribo,
leo y grito, que el mañana es

lo que a mi se me dijo.

DULCE INFIERNO.

Como el sereno en la noche, te impregnas a mí,
blanca luz de acicalado andar,
tus ojos se dirigen a mí, y así,
sin ambages, nos adoramos.

El tiempo se contonea,
la vida corre en círculos.
Metafísica del día, complicaciones,
todo cae en segundos.

Tiemblo y las palabras que pienso
se distorsionan al aparecer,
miedo que me llena en el insomnio,
me pierdo en tu olvido.

Te conocí entre líneas,
lejano infierno que me acecha,
te exploro para poder habitarte,

pues serás mi proeza.

De inmediato te alejas,
luego regresas, confusión,
que dulce daño me causas,
y yo sólo transpiro amor.

Y de nuevo te exploro,
pero no te importa.
Cada vez me destrozas más,
y se extingue mi figura espesa.

CARRETERA EN SOLEDAD.

Carretera, por qué me traicionas,
eres piadosa o maldita,
logras hacerme pedazos en segundos.

Asfalto frío y congelado,
pensamientos que destruyen
mi corazón; y tú sólo me miras hierática.

Taciturna; no te importa lo que ocasionas,
me destruyes, me inyectas un
veneno que actúa lento, a lo largo de kilómetros.

Sensación de soledad que me aplasta,
soledad que acaba en tu rostro,
mi musa implacable, porque te quiero
y eso es sincero, no importa más.

mis palabras eran de amor y todas
te las has llevado tú.
Mi corazón ahora seco,
no puede conectarse con mi mano.

Ésta es la última vez que te escribo,
pues no me puedo destrozar más,
y si te pienso es por placer idiota.

Mi carretera eres tú,
lo que me pasa eres tú,
siempre tú, alegre y hermosa.

EL ABSURDO DE LA VIDA.

Y no hay respuesta,
el mañana se ve lejano,
nada me da alivio, nada.

Las preguntas se formulan,
una tras otra, son las mismas,
me doy cuenta de su importancia.

Me atormentan con más frecuencia,
y mi cabeza estalla,
no hay respuesta, no hay.

Todo se reduce a nada,
el porqué de las cosas me golpea,
me acorrala y produce fatiga.

La vida no es nada, cada día,
cada noche, al final no serán nada,
y después de todo, no hay nada.

VERSOS AMARGOS.

El agua ya extinta dejó un recuerdo,
entre caminos obtusos y grises,
cambiando de verde a seco.

Piedras rojizas y amorosas, lloran;
nostálgicas me miran, llevan
el ángel del amor acaecido.

Con la lluvia que todo lo ablanda
me dejo envolver, ser uno más,
taciturno y febril, como pino me planto.

Acidez y amargura en verano,
veo pueblos fantasma, llenos de soledad
y amor; soy yo al espejo.

Suelto al río versos de poesía amarga,
que por ti cree una noche estrellada,

bajo la lluvia brotaban del alma.

EN ESTE CIELO GRIS.

El cielo gris grita porfías por ti y
entre los pinos la vida languidece
con lágrimas frías sin destino.

En el busto de la tierra a lo lejos
un resplandor me llena de esperanza,
recuerdos que dan nostalgia.

Un rayo enciende mi palpitar,
sonido constante y fuerte
que estremece mi andar.

El arroyo se baña de luna
y en la peña sube un aliento
cargado de sentimientos.

Todo se cubre de obscuridad,
y tras las nubes aparece tu rostro
que me hace creer.

DUDO EN EL ESTÍO.

Dudo mientras camino, solo,
bajo un tenue rayo de luz,
te pienso y no existes,
tempestad en el mar,
ola contra mi barca,
una luz se enciende en mi pecho;
cansino pero suplicante.

Juegas y corres
por los escarpados caminos de mi corazón,
eres como un dulce veneno al que me entrego,
filiforme amor que no es recíproco,
y así todo se hunden el fango, menos mi devoción.

Rabia que colma mi día, imagen obtusa,
tú haciéndome creer alguien,
luego giro y no soy nadie.

Senda que elude mi camino; huyes
y muestras parsimonia, olvidas atrás
mi corazón, que se hiela y no te tiene.

SIN FINAL.

Envuelves mi inmensidad
y me transporto al nirvana;
eres tranquilidad a mi deseo.

Nada es como imagino,
pero te veo y lo creo,
lucho y siento que llega, pero
al final sólo es un sueño.

Así consumo mi tiempo,
observando la lluvia,
sintiendo la marea que crece
en mi pecho; resuena apremiante.

Voy en un tren, siniestro y taciturno, viajamos
en sentido opuesto, por un túnel obscuro
esperando un rayo de luz.

Ahora puedo ver las aves sobre mí.
El cielo se torna gris y las nubes
lloran por ti, un acantilado se extiende
y tiembla, lleno de árboles que se secan.

TEMPESTAD.

Las gaviotas reflejan en el mar su desesperación;
llega cándida la tempestad hinchando los pulmones.

Resquicios que inundan mi alma,
madeja de lágrimas en arcoíris.
Tu mano fría detiene mi corazón
errante, extraño y encantado.

Continúas plácida bajo la débil lluvia,
esperando que la tempestad rehúya.

Eres el fuego que derrite la algarabía,
y el horizonte espera a ser encendido,
encina pálida y pequeña, para que
crezcas eterna.

Tu voz, como el trinar del ruiseñor
se cierne sobre el acantilado,

obscuro, siniestro y congelado.

CLAMOR EN EL INSOMNIO.

Y me arruinas la cabalgata,
con tu grito que resuena.
si tengo un clavel en el corazón
es por tus lánguidas sonrisas.

Camina en mi oído tu llanto,
sirena de la obscuridad,
y me hielas las manos.
Su silueta rojiza aparece en el umbral,
es tu padre que grita por tu ausencia en el manantial.

Humedeces mi mano
y desapareces sin llanto.
Oh! alivio que acaricia las cuerdas de mi tempestad.
Calma que me atraviesa,
cuando el sol combate,

y la obscuridad languidece, como siempre.

Te muestras lejana,
y caminas al desenlace.
Muelle que emerge en el manantial,
azul, espejo de vida.
Y en el claro de otoño,
clamo por piadosa redención.

PARALELISMO.

Sol que cae sobre el pedregal.
Cataclismo en el alba,
pesado ruiseñor, irónico, servil.

Vida paralela.

El fatuo felino en el alumbrado
ya recorre el frío en la calle
por el camino que recrea iracundo.

Reino de flor y risa,
cansada está la ciudad.
Y bajando por el pedregal
no hay más que una silla.
Colorida inmensidad
ya no corras por el nogal.

AVE LIBRE.

Somos el viento que penetra las nubes,
corremos en las llanuras,
mojamos nuestras alas;
sólo para llegar al creciente universo
creado con palabras y estrofas,
lleno de versos y conjugando anhelos,
así destruimos pretensiones.
Somos las letras de esperanza,
llenamos libros que ahogan y
liberan, libros vacíos esperándonos.
Somos canciones sublimes,
dedicadas a las grandes mentes,
a las grandes inspiraciones,
Somos libertad, para pensar
y crear, divulgando la vida real.
Eso es todo lo que queremos,
mentes libres que crean y

transformen lo que ya existe.
Somos revolución y paz, creados
por la libertad y dignidad.

SABES.

Sabes venir y acabar mis miedos.
Sabes de mis huecos
y mis delirios.

Disipo mis temores,
pero tus garras los plantan
frente a mis manos.

De nuevo aparezco en una piel gris,
rodeado de agua y hojarasca,
deseando un segundo más.

DUELOS

Un golpe seco en los cielos.
Unos pequeños ojos con recelo
desean un duelo.

Aborrecen la lluvia,
con estruendo y enojo
los titanes áureos;
paladinos desde el esqueleto.

Entre cerezas y estallidos,
caen furiosos cascabeles,
aturdiendo los mares.

Besos que llegan entre llamaradas,
portentosa vela que se mece
entre murmullos taciturnos.

RISA OBSCURA

Recuerdo el trinar que dejó la noche
al consumirse tu aliento;
la risa de las calles en revuelo
al calor de tu semblante
tan ligero y espeso.

Dos segundos en una tarde
que no se puede llenar;
como el ojo del mar
y el grito de un cuervo.

De eso se trataba el momento,
cuando la vida se borra
ante los sueños de un eco;
febril e íngrimo.
Puesto al soplo el viento viejo,
como un gato enaltecido.

TULIPÁN

Linda, linda y serena,
vives en el campo
y eres libre.

Bella como el mar
o la luna en sus fases.

Eres como el tulipán;
Erguida y sonriente.
Bella, bella flor
de pétalos sonrientes.

Mujer enorme
de estatura pequeña
y belleza deiforme.

Mujer que no se marchita
y viaja con el viento.

Hermosa, hermosa
como las lilas y las rosas.

Tu mirada me condena
a la felicidad
y tu sonrisa me da vida

Te miro y me asombra
tu parecido con la flor
que tanto me maravilla;
pequeño tulipán
de enorme deseo.

Alexandro González